Dans la collection
CARNETS DE SAGESSE :

Collection dirigée par Marc de Smedt et Michel Piquemal
Maquette : Céline Julien
Illustration de couverture : Philippe Roux

© 2002, Albin Michel Jeunesse 22, rue Huyghens, 75014 Paris
Dépôt légal : second semestre 2002
N° d'édition : 12 507
ISBN : 2 226 12919 7
Imprimé en France par Pollina S.A. 85400 Luçon - n° L87217A

PAROLES
DE
MÉDITATION

Textes choisis et présentés
par Marc de Smedt

ALBIN MICHEL

CARNETS DE SAGESSE

Lorsque j'ai découvert, en mai 1968, les textes de grands sages de l'Orient[1], qu'ils soient hindous comme ceux de Ramakrishna, Vivekananda, Ramdas, Tagore, Sarasvati, bouddhistes tibétains comme Anagarika Govinda ou zen comme D.T. Suzuki…, mon univers philosophique s'élargit à l'infini. Et lorsque je me mis, peu de temps après ces lectures, à pratiquer diverses techniques de yoga, puis le zazen[2], le mot méditation *élargit son sens premier de cogitation et de réflexion approfondie, pour vraiment s'épanouir dans sa dimension de recueillement actif où corps et esprit se trouvent liés. La méditation cessa d'être confinée dans la tête, elle quitta alors le champ unique du cérébral pour se répandre dans l'organisme entier par la grâce de techniques précises[3] étudiées depuis des millénaires par d'autres*

civilisations que les nôtres et par des êtres déterminés à aller jusqu'au bout d'eux-mêmes, ces yogis que les Grecs du temps d'Alexandre le Grand appelaient du joli nom de gymnosophes, les gymnastes de la sagesse.

Nous ne parlerons pas ici des techniques, mais de l'état d'esprit qui préside à leur pratique. Un maître zen, Taïsen Deshimaru, que j'ai suivi durant onze ans, jusqu'à sa mort, employait une jolie formule pour le définir. Il disait : « Durant la méditation, le grand ego regarde le petit ego. » Oui, pendant l'acte de méditer, le meilleur de moi, qui recherche paix, sérénité, harmonie, fraternité… regarde le pire de moi, c'est-à-dire le personnage agité, mesquin, futile, préoccupé, anxieux. Ce « moi plus » regarde le « moi moins » faire ses tours en boucle, ressasser les mêmes histoires de façon obsessionnelle, et cela comme sur un écran audiovisuel. Pour définir cela, un très bel adage zen dit d'ailleurs :

Comme dans un miroir
Vous êtes le reflet
Mais le reflet n'est pas vous.

Et c'est sur cette prise de conscience-là que repose toute méditation. Nous n'avons pas besoin d'être sans cesse « scotchés », collés à notre moi superficiel, nous pouvons nous en détacher, nous pouvons ne plus être dépendant de lui, de ses errances et de ses fantasmes. De même, nous devons apprendre à ne plus être en permanence perdus, noyés, dans nos pensées et tous ces ressassements à l'infini qui nous font plus de mal que de bien.

Là se trouve l'immense mérite de la méditation, qui grâce à l'immobilité, à la respiration observée et déployée,

à l'attention portée sur une expiration profonde, nous permet de créer en nous une prise de distance salutaire avec ce chaos, ce tohu-bohu qui nous envahit et nous occupe sans cesse. Il faut nous ressourcer au silence intérieur et pacifier notre esprit.

J'aime dire que la Genèse se passe ici maintenant, la Création est en train de se faire instant après instant. À nous de savoir la faire vivre dans notre parcours.

Ces quelques paroles de grands méditants ont donc été choisies pour éclairer notre route et notre assise méditatrice !

Marc de Smedt

---

1 - Parus dans la collection « Spiritualités vivantes »
    alors dirigée par Jean Herbert chez Albin Michel.
2 - De *za* : assis, et *zen* : méditation.
3 - Voir mon ouvrage *Techniques de méditation*,
    chez Albin Michel.

Avoir l'esprit clair
est la plus haute vertu ;

la sagesse consiste à parler

de la réalité telle qu'elle est

et agir selon notre nature véritable,

demeurant à son écoute.

Héraclite

Celui qui se livre
À des méditations claires
Trouve rapidement la joie
Dans tout ce qui est bon.
Il voit
Que les richesses et la beauté
Sont impermanentes
Et que la sagesse
Est le plus précieux des joyaux.

« Fo-Sho Hintsan King »

Ne cherchez pas la voie chez les autres

Dans un endroit éloigné
La voie existe sous nos pieds.
Maintenant je vais seul
Mais je peux rencontrer partout
Le pont.

Il est maintenant certainement moi,
Mais je ne suis pas lui.
Aussi quand je rencontre quoi que ce soit,
Je peux obtenir la liberté véritable.

Maître Tozan

Lin-tsi fit un jour un sermon, où il dit :
« Au-dessus d'une masse de chair rougeâtre
siège un homme véritable qui n'a aucun titre :
il ne cesse d'entrer dans vos organes des sens
et d'en sortir. Si vous n'avez pas encore porté
témoignage de ce fait, regardez ! Regardez ! »
Un moine s'avance et demande : « Qui est
cet homme véritable qui ne porte aucun titre ? »
Lin-tsi descend d'un bond de sa chaise de
paille et, empoignant le moine, s'écrie : « Parle !
Parle ! » Celui-ci resta interdit sans savoir que
dire. Sur quoi le maître le lâche en disant :
« De quelle misérable matière est cet homme
sans aucun titre ! »
Puis il se retira immédiatement dans sa chambre.

Maître Lin-tsi

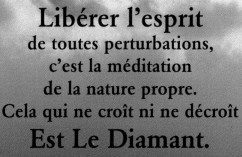

Libérer l'esprit
de toutes perturbations,
c'est la méditation
de la nature propre.
Cela qui ne croît ni ne décroît
Est Le Diamant.

Houei Neng

Si vous désirez prendre conseil
Des anciennes traces transmises
Je vous en prie, regardez avec attention
L'exemple des précédents anciens.
L'arbre a été observé depuis dix millions d'années
Pour réussir la voie de Bouddha.

        Hokyo Zan Mai - Maître Tozan

Le ciel et la terre ont les mêmes racines.

Le ciel et la terre et notre ego ont la même source.

Toutes les existences sont un seul esprit, un seul corps.

La couleur de la montagne,

Le son de la vallée,

Tout, ensemble,

Est, de notre Bouddha Shakyamuni,

La voix et la sainte posture.

Sans trace aucune

Le canard va et vient sur l'eau...

Cependant, il n'oublie jamais son chemin.

Maître Dogen

Le dragon bleu se révèle en rugissant

Au-dessus de la maison dans la montagne.

Nulle question pour passer

Ou ne pas passer

La porte du Zen :

On tend l'oreille et il y a

Le vent pur.

On ouvre les yeux et il y a

La clarté de la lune.

Mais seulement,

Combien de personnes

Viennent-elles ici se pencher

Sur la balustrade du balcon ?

Maître Daichi

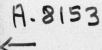

Le vieil arbre mort au cœur de la montagne

Précipite son corps

Au-dessus de l'abîme sans fond.

Poli par le vent,

Lavé par la pluie,

Dénudé par les tempêtes,

Il a traversé dix mille hivers.

Seule subsiste l'essence de l'arbre.

Même si nous l'attaquons à la hache,

Nous n'en trouverons pas l'essence.

Il est splendide.

Pas de fleurs, pourtant, pas de feuilles,

Pas de branches, pas d'écorce, pas de sève.

Il est complètement sec, il a accumulé l'essence

De son expérience séculaire.

L'obscurité de l'ombre des pins

Dépend

De la clarté de la lune.

Kodo Sawaki

Toujours, et même lorsque l'on monte une pente raide, on devrait expirer lentement et faire entrer la force dans le Hara. On doit faire pénétrer sa respiration avec force dans le bas-ventre, comme si l'on vidait une pompe. Une telle formation manque à la plupart des hommes : c'est pourquoi, dans la vie de tous les jours, il leur manque de savoir rassembler leur force dans l'abdomen. De plus, ils ne savent pas garder leur bouche fermée et respirer. Là se trouvent les outils du contrôle de soi.

Okada Torajiro

Parfois dans notre vie réelle et notre mort, des désirs de nirvana, ou d'autres choses, nous font développer l'esprit de Bouddha. Nous ne devons pas attendre un moment ou un endroit particulier pour réaliser l'esprit de Bouddha. Cet esprit ne dépend jamais du temps ou de l'endroit, ni non plus des capacités intellectuelles. Parce que l'esprit d'éveil est l'origine de toute activité réelle, il apparaît naturellement et automatiquement de lui-même. Il ne peut être défini ni par l'existence ni par la non-existence, ni par le bien ni par le mal, ni par les circonstances, les endroits ou les karma passés.

Taîsen Deshimaru

Quelle est l'essence

du satori de Bodhidharma ?

C'est pareil que d'écouter

le son de la grosse cloche

Ou le tambour dans le temple

au crépuscule.

C'est l'état d'esprit où

celui qui entend

Et les sons

Ne font plus qu'un.

Taîsen Deshimaru

En frottant un bâton contre l'autre
Le feu est produit
Et utilisant ce feu
Les deux bâtons sont brûlés.

De même, l'intelligence supérieure
Naît de l'union de l'esprit mouvant
À l'esprit immobile.
Et par cela qu'ils font naître
Les voici tous deux consumés.

« Kasyapa Pariccha Sutra »

Ayant médité la formation des Trois Corps en soi,
J'ai oublié de songer à l'espoir et à la crainte.
Ayant médité cette vie et l'au-delà,
J'ai oublié la crainte de la naissance et de la mort.
Ayant goûté les joies de la solitude,
J'ai oublié l'opinion de mes frères et amis.
Ayant composé des vers pour la descendance,
J'ai oublié de prendre part aux polémiques de doctrine.
Ayant médité ce qui n'a ni commencement,
Ni négation, ni lieu,
J'ai négligé toutes les formes des conventions.
Ayant considéré le corps nirvanique des apparences,
J'ai omis de méditer les créations de l'esprit.
Ayant dédaigné sans feinte le discours,
J'ai oublié l'usage de l'hypocrisie.
Ayant choisi le corps et le langage des humbles,
J'ai oublié le dédain et l'arrogance
Des personnages importants.
Ayant fait de mon corps mon propre monastère,
J'ai oublié le monastère de la ville.
Ayant adopté l'esprit sans la lettre,
J'ai oublié de disséquer les mots.

Milarepa

L'action et l'inaction peuvent trouver place
en toi ; ton corps agité, ton esprit tranquille,
ton âme aussi claire qu'un lac de montagne.
Vivre afin d'être bienfaisant pour l'humanité
est le premier pas. Pratiquer les six vertus
glorieuses est le second.

*Si tu ne peux être le Soleil,
alors sois l'humble planète.*

Le sentier est unique pour tous, les moyens
d'atteindre le but varient avec chaque pèlerin.
Ne laisse pas tes sens faire de ton esprit
un terrain de jeu.
As-tu mis ton être au diapason
de la grande souffrance de l'humanité,
ô candidat à la lumière ?

« La Sagesse du Grand Sentier »

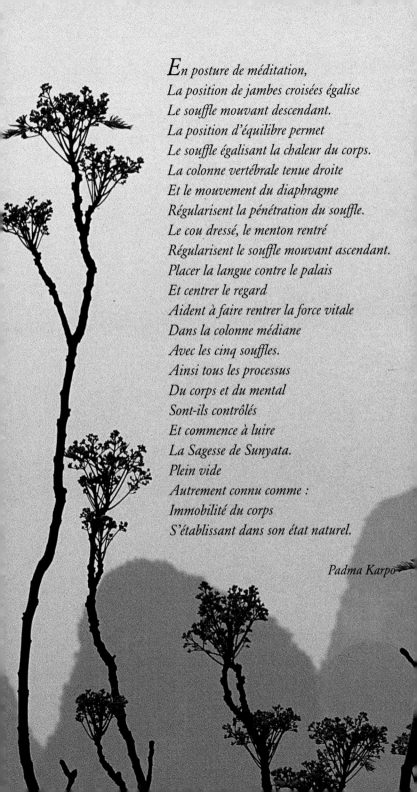

En posture de méditation,
La position de jambes croisées égalise
Le souffle mouvant descendant.
La position d'équilibre permet
Le souffle égalisant la chaleur du corps.
La colonne vertébrale tenue droite
Et le mouvement du diaphragme
Régularisent la pénétration du souffle.
Le cou dressé, le menton rentré
Régularisent le souffle mouvant ascendant.
Placer la langue contre le palais
Et centrer le regard
Aident à faire rentrer la force vitale
Dans la colonne médiane
Avec les cinq souffles.
Ainsi tous les processus
Du corps et du mental
Sont-ils contrôlés
Et commence à luire
La Sagesse de Sunyata.
Plein vide
Autrement connu comme :
Immobilité du corps
S'établissant dans son état naturel.

Padma Karpo

Si l'esprit était une chose matérielle,
on pourrait, après avoir médité sur lui
de cette façon, le regarder comme quelque
chose de substantiel. Mais observé
du point de vue du Supra-Intellect,
il se trouve être quelque chose
qui ne peut être appelé d'aucune façon ;
donc l'on ne peut le classer comme étant
une chose composée de matière.
En tant que sujet d'analyse du Supra-Intellect,
il ne peut être classé comme étant non matériel,
ni comme étant non existant.
Donc, puisqu'il n'est ni une chose matérielle,
ni une chose non matérielle, il ne peut être
placé à aucun des deux extrêmes ;
et ainsi cette méthode est appelée
« le Chemin du Milieu ».

Padma Karpo

Guru Tilapa a dit :

« *Dans la méditation*

N'imagine rien, ne pense rien,

N'analyse pas, ne réfléchis pas,

Ne médite pas.

Garde l'esprit dans son état naturel. »

Et Gampopa, le Maître des Doctrines,

L'adolescent clair comme le rayon de lune, a dit :

« *L'attention sans distraction est*

Le sentier suivi par tous les Bouddhas. »

Sache encore :

En dehors de tes hallucinations

Il n'existe ni Seigneur juge des morts

Ni démons

Ni vainqueur de la mort, Manjusri.

Comprends-le et sois libéré.

« *Bardo Thodol* »

« *À l'intérieur du cosmos,*
au sein de l'univers,
se trouve un trésor.
Il se cache à l'intérieur du corps.
Nous prenons une lampe et
l'emmenons dans le hall
de méditation.
Nous ouvrons la Grande Porte
et brandissons la lampe. »

Maître Ummon

Il n'y a pas de structure à changer,
Seulement se libérer de la complicité
avec la structure.

Le chemin est là,
c'est nous qui ne sommes pas dessus.

La pratique accomplie
ne se distingue plus du quotidien.

La démarche ne doit pas amener
ou provoquer une coupure dans notre
quotidien entre la prétendue démarche
et les prétendues obligations sociales,
familiales, etc.

C'est l'objectif donné à la pratique
qui la distingue du quotidien.

La pratique n'est pas une planque,
Le OUI n'est pas une planque.

Yvan Amar

Ce que nous appelons « je »,

n'est qu'une porte battante

qui va et vient

quand nous inspirons

et quand nous expirons.

Suzuki Roski

Deshimaru in *Zen*, Albin Michel, 1997
p. 50 : Maître Taîsen Deshimaru en méditation, 1997 ©
Association Zen Internationale

Textes et images ne sont là que pour nous faire toucher, du regard et de tous les sens, l'unique réalité : celle qui se trouve en face de nous, en nous, autour de nous. Ainsi que ce silence au-delà de la pensée qui existe en notre for intérieur, et partout, toile de fonds des événements, comme le dit avec force un adage tibétain : « Vous qui avez eu la chance de prendre forme humaine, ne perdez pas votre temps ». Il ne s'agit évidemment pas ici de course effrénée, mais de savoir au contraire prendre le temps d'exister.

Marc de Smedt

Sources des textes :

• *Héraclite, la lumière de l'obscur* de Jean Bouchart d'Orval, éd. du Relié, 1997
• *La sagesse de l'éveil*, anthologie par Marc de Smedt, éd. Albin Michel
• *La pratique du Zen*, Taîsen Deshimaru, éd. Albin Michel
• *Le traité du vide parfait* de Lie Tseu, éd. Albin Michel
• *Discours et sermons* de Houeê Nêug, éd. Albin Michel
• *Hokyo Zan Mai*, de Maître Tozan, traduit et commenté par Taîsen Deshimaru, in *La pratique du Zen*, éd. Albin Michel
• *Le trésor du Zen* de Maître Dôgen, éd. Albin Michel
• *Zen et vie quotidienne*, Taîsen Deshimaru, éd. Albin Michel
• *Le chant de l'éveil*, Kodo Sawaki, éd. Albin Michel
• *Le doigt et la lune*, Alexandro Jodorowki, éd. Albin Michel
• *Questions à un maître Zen*, Taîsen Deshimaru, éd. Albin Michel
• *Dhammapada, les dits du Bouddha*, éd. Albin Michel
• *Dans les pas de Milarépa* de Marie-José Lamothe, éd. Albin Michel
• *Le Bardo-Thödol, Le livre tibétain des morts*, présenté par Lama Gonvinda, éd. Albin Michel
• *Les nourritures silencieuses*, Yvan Amar, éd. du Relié, 2000
• *Les chemins du Zen*, D.D. Suzuki, éd. Albin Michel

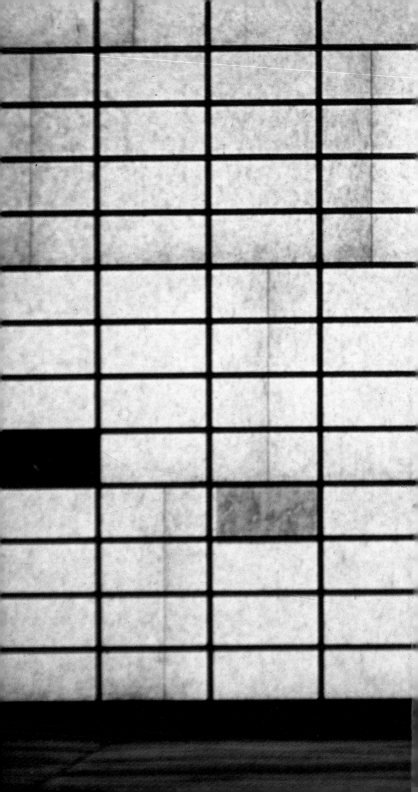